I0782961

Título del Libro: "Biblioterapia: Un enfoque integral para Bibliotecólogos"

Autor: Nelson De la Quintana

Editorial: Supay Goodman

Fecha de Publicación: Marzo 2024

Las estrategias, metodologías y consejos presentados en este libro están basados en la investigación y experiencia profesional del autor. Este libro proporciona información y opinión personal del autor en el tema de la salud mental y la depresión para propósitos educativos y de orientación. No se pretende que este libro sea un sustituto del consejo, diagnóstico o tratamiento médico profesional y profesional en general. Los lectores deben consultar a un profesional de la salud mental o médico calificado en caso de que requieran tal asesoramiento o tratamiento.

El autor y la editorial no asumen ninguna responsabilidad por posibles daños que puedan surgir directa o indirectamente como resultado de la aplicación de cualquier información contenida en este libro. Además, las opiniones y puntos de vista expresados son exclusivamente los del autor y no necesariamente reflejan los puntos de vista de la editorial.

Información de Contacto de la Editorial:

Editorial Supay Goodman
+591 63123400
Supaygoodman@gmail.com

Encuéntranos en https://www.youtube.com/@Armoniza-

Bolivia

BIBLIOTERAPIA:

Un enfoque integral

"Biblioterapia: Un Enfoque Integral"

Sumérgete en el poder curativo de la biblioterapia con este libro diseñado específicamente para bibliotecólogos y profesionales del mundo de las bibliotecas. "Biblioterapia: Un enfoque integral" ofrece una visión profunda y práctica sobre cómo utilizar los recursos literarios para promover el bienestar emocional, mental y social de los usuarios de la biblioteca.

Desde la selección cuidadosa de libros hasta la implementación de programas de lectura guiada, este libro proporciona estrategias efectivas respaldadas por la investigación y la experiencia práctica. A través de ejemplos concretos y consejos expertos, los bibliotecólogos descubrirán cómo adaptar y personalizar la biblioterapia para satisfacer las necesidades y los intereses de sus comunidades.

Explora cómo la lectura puede ser una herramienta poderosa para el autocuidado, la resiliencia y el crecimiento personal. Aprende a identificar las obras literarias más adecuadas para abordar una variedad de desafíos y situaciones emocionales. Desde la ansiedad hasta el duelo, desde la búsqueda de identidad hasta el estrés, este libro ofrece una amplia gama de recursos para enriquecer la vida de los lectores y fortalecer el vínculo entre la biblioteca y la comunidad que sirve.

Con "Biblioterapia: Un Enfoque Integral para Bibliotecólogos", los profesionales de la información encontrarán inspiración y orientación para transformar sus bibliotecas en espacios de sanación, crecimiento y conexión humana a través del poder transformador de la palabra escrita.

TABLA DE CONTENIDO

ADVERTENCIA

Es crucial reconocer que como bibliotecario o bibliotecólogo, tu función principal es proporcionar recursos y orientación a los usuarios en el contexto de la biblioteca. Sin embargo, es esencial comprender y enfatizar claramente que **los bibliotecarios no están capacitados ni autorizados para ofrecer terapia psicológica o biblioterapia en un sentido clínico.**

Si bien puedes brindar recomendaciones sobre libros y recursos que puedan ser útiles para el bienestar emocional, es fundamental entender tus límites y **no intentar ofrecer servicios terapéuticos para los cuales no estás cualificado.** De hecho, hacerlo **podría ser perjudicial para los usuarios y estaría fuera del alcance de tu práctica profesional.**

Por lo tanto, es imperativo que, en caso de que un usuario esté experimentando dificultades emocionales o psicológicas, los remitas enfáticamente a profesionales de la salud mental, como psicólogos o terapeutas, para recibir la atención adecuada y especializada.

Además, te aliento encarecidamente a que <u>busques oportunidades de capacitación adicional en biblioterapia y atención de la salud mental para enriquecer tus habilidades y conocimientos en esta área.</u> Esto no solo te permitirá brindar un mejor servicio a los usuarios, sino que también garantizará **que tu práctica profesional se mantenga ética y responsable.**

Capítulo 1: Introducción a la Biblioterapia

En el vasto mundo de la terapia, donde las palabras son a menudo clave para desbloquear la curación y el crecimiento, existe una forma única de tratamiento que aprovecha el poder de los libros y las palabras escritas. Se trata de la **biblioterapia**, un recurso terapéutico innovador que ha demostrado ser una herramienta valiosa tanto para psicólogos como para bibliotecarios y bibliotecólogos.

Los orígenes de la biblioterapia se remontan a tiempos antiguos cuando las historias se compartían oralmente como medio de conexión con los demás e impartir sabiduría. A medida que las sociedades progresaron, la literatura surgió como un medio poderoso para explorar las profundidades de la experiencia humana. Fue durante la década de 1930 en Estados

Unidos que los psicólogos reconocieron los beneficios terapéuticos potenciales de los libros, dando origen a la biblioterapia moderna.

La biblioterapia no se limita únicamente a la literatura; también se extiende hacia diversas formas artísticas. Así como las pinturas pueden evocar emociones y la música puede conmover nuestras almas, las palabras en una página tienen poderes transformadores. Al interactuar con la literatura y el arte, las personas pueden conectar consigo mismas y navegar por los desafíos de la vida.

La creencia en las propiedades positivas de la lectura respalda a la biblioterapia. Se ha demostrado que leer reduce los niveles de estrés, mejora la empatía, potencia la función cognitiva y fomenta el crecimiento personal. A través de textos cuidadosamente seleccionados, las personas pueden encontrar consuelo en personajes que enfrentan luchas similares u obtener ideas sobre sus propias vidas a través de analogías presentadas en narrativas.

Un ejemplo que ilustra este poder es un niño que está pasando por el duelo por la pérdida de sus padres. Sugerir hábil y sinceramente la lectura de **"El principito"** de Antoine de Saint-

Exupéry, **"La historia interminable"** de Michael Ende, **"El jardín secreto"** de Frances Hodgson Burnett, **"La telaraña de Carlota"** de E.B. White, **"El mago de Oz"** de L. Frank Baum, **"El principito y el zorro"** de Antoine de Saint-Exupéry, **"Harry Potter y la piedra filosofal"** de J.K. Rowling, resultarían de mucha ayuda.

Al leer historias sobre personajes que han experimentado pérdidas similares o superado la adversidad ellos mismos, estos niños pueden encontrar consuelo al saber que no están solos en su camino hacia la curación. No se puede subestimar la capacidad de los libros para ofrecer compañía en momentos de soledad.

Sin embargo, seleccionar material de lectura relevante es crucial para intervenciones efectivas de biblioterapia. El capítulo tres profundizará en este proceso, pero es importante destacar que la elección de los libros debe adaptarse a la situación personal o grupal. Este enfoque personalizado garantiza que la experiencia terapéutica sea significativa e impactante.

A medida que exploramos la evolución de la biblioterapia en los capítulos siguientes, queda claro que esta práctica se ha expandido más allá de sus orígenes en las bibliotecas. Durante la Segunda Guerra Mundial, se utilizó biblioterapia como forma de atención para soldados que sufrían trastorno por estrés postraumático. Su éxito en este contexto llevó a su implementación en entornos psiquiátricos, donde los libros se convirtieron en una fuente tanto de entretenimiento como apoyo para el bienestar de los pacientes.

La biblioterapia va más allá del acto de leer; complementa la comunicación con palabras escritas. El capítulo cuatro profundizará en este enfoque, explorando cómo la selección de textos puede basarse no solo en el contenido, sino también en complementar o suplementar los estilos de comunicación de los clientes. Al alinear los aspectos sintáctico-morfológicos expresados por las personas con textos apropiados, terapeutas y bibliotecarios pueden facilitar trayectos hacia la curación adaptados a las necesidades únicas de cada individuo.

La biblioterapia ofrece un medio poderoso para promover la curación y el autodescubrimiento a través de la literatura y el arte. A medida que emprendemos esta exploración juntos, descubriremos diversas modalidades de aplicar biblioterapia (Capítulo 5) y descubriremos cómo los enfoques interdisciplinarios (Capítulo 6) mejoran su efectividad. En última instancia, nuestro viaje nos llevará a comprender cómo interactuar con los libros puede ser un camino hacia el autodescubrimiento (Capítulo 7), revelando verdades ocultas dentro de nosotros mismos y fomentando el crecimiento personal.

Bienvenidos al mundo de la biblioterapia para bibliotecarios y bibliotecólogos: donde las palabras se convierten en catalizadores para la transformación.

CAPÍTULO 2 - LA EVOLUCIÓN DE LA BIBLIOTERAPIA

A principios del siglo XX, surgió una nueva forma de terapia que cambiaría fundamentalmente nuestra forma de abordar la salud mental y el bienestar. Este capítulo explora la fascinante historia de la biblioterapia, rastreando sus raíces como una práctica bibliotecaria en los Estados Unidos desde 1930. A medida que profundizamos en su evolución, descubriremos cómo se ha utilizado la biblioterapia como una forma de cuidado para los soldados durante la Segunda Guerra Mundial y posteriormente se ha implementado en entornos psiquiátricos.

El concepto de utilizar la literatura como medio para promover la curación se remonta a tiempos antiguos. Sin embargo, fue solo a principios del siglo XX que la biblioterapia comenzó a ganar reconocimiento como un recurso terapéutico legítimo. En los Estados Unidos, los psicólogos comenzaron a experimentar con el uso de libros como herramientas para el crecimiento personal y la autorreflexión. Al crear colecciones basadas en temas o situaciones específicas, buscaban conectar a los lectores con historias que reflejaran sus propias experiencias.

Durante la Segunda Guerra Mundial, el poder curativo de los libros se hizo aún más evidente. Muchos soldados encontraron consuelo en la lectura durante su tiempo libre, lo que les proporcionaba un escape de las dificultades de la guerra y les ofrecía un respiro temporal de sus traumas. Esta realización llevó a un mayor enfoque en utilizar la literatura como medio de apoyo para el personal militar.

A medida que las instituciones psiquiátricas comenzaron a reconocer el valor de la biblioterapia, esta se integró en programas formales de tratamiento para pacientes con enfermedades mentales. Los terapeutas descubrieron que la lectura podía ayudar a las personas a conectarse con sus emociones y explorar temas psicológicos complejos en un espacio seguro. Los libros proporcionaban una salida para la expresión personal y la introspección que a veces resultaba difícil de lograr con terapias tradicionales.

Un beneficio clave destacado por los profesionales fue cómo los libros podían entretener a los pacientes al tiempo que promovían su bienestar. La lectura ofrecía momentos de distracción y disfrute en circunstancias difíciles, ayudando a las personas a encontrar un alivio temporal de sus luchas. Este aspecto es particularmente relevante al considerar cómo la literatura puede usarse no solo terapéuticamente sino también recreativamente dentro de los entornos sanitarios.

El poder de la biblioterapia reside en su capacidad para generar un sentido de conexión y empatía. Al leer historias que reflejen sus propias experiencias, las personas pueden sentirse menos solas en sus luchas. Por ejemplo, un niño que está pasando por el duelo por la pérdida de sus padres puede encontrar consuelo y comprensión al leer sobre otro personaje que ha enfrentado desafíos similares. La biblioterapia ayuda a las personas a darse cuenta de que no están solas en su dolor o dificultades.

Además de seleccionar material de lectura relevante basado en situaciones vitales, la biblioterapia también puede adaptarse al estilo comunicativo individual. La selección de textos puede ir más allá del contenido y centrarse en complementar o reforzar aspectos sintáctico-morfológicos expresados por los clientes. Por ejemplo, si una persona menciona con frecuencia el olvido, se pueden elegir textos que enfaticen la exploración imaginativa para recuperar recuerdos perdidos.

Además, la biblioterapia no se limita únicamente a la lectura; puede complementarse con actividades artísticas-terapéuticas como el dibujo o las dramatizaciones. Estas modalidades brindan formas alternativas para que las personas interactúen con el material y se expresen creativamente.

A medida que el campo de la biblioterapia continúa evolucionando, han surgido enfoques interdisciplinarios que enriquecen aún más su práctica. La psicología, la psicología social y las ciencias de la biblioteca aportan contribuciones únicas a la comprensión y aplicación de la biblioterapia. Las colaboraciones entre estas disciplinas mejoran nuestra capacidad para seleccionar libros apropiados con fines terapéuticos, teniendo en cuenta factores como la diversidad cultural y las preferencias individuales.

> *En resumen, en este capítulo vimos la evolución de la biblioterapia desde sus orígenes como una práctica bibliotecaria hasta su integración en entornos psiquiátricos. Hemos visto cómo se utilizó como forma de cuidado para los soldados durante la Segunda Guerra Mundial y cómo se ha convertido desde entonces en parte integral de los programas de tratamiento de salud mental. Al conectar a los lectores con historias que reflejan sus experiencias y brindar momentos de entretenimiento y escape, los libros se han demostrado como herramientas poderosas para la curación y el crecimiento personal.*

A medida que continuamos nuestro viaje a través de "Biblioterapia para bibliotecólogos y bibliotecarios", exploraremos aún más la práctica de la biblioterapia, incluyendo técnicas para seleccionar material de lectura relevante y las diversas modalidades en las que se puede aplicar.

Capítulo 3: Selección de material de lectura relevante

En los capítulos anteriores, exploramos los orígenes y la evolución de la biblioterapia, descubriendo su poder transformador como recurso terapéutico. Ahora, nos adentramos en el corazón de esta práctica: **seleccionar material de lectura relevante que resuene con la situación de vida individual o grupal.** Este capítulo guiará a bibliotecarios y bibliotecólogos para comprender las complejidades de este proceso y cómo puede tener un impacto profundo en el bienestar de las personas.

El poder de las experiencias compartidas:

Uno de los principios fundamentales de la biblioterapia es la idea de que leer historias con situaciones similares puede ayudar a las personas a sentirse menos solas en sus experiencias. Cuando se enfrentan a circunstancias desafiantes, como el duelo por la pérdida de seres queridos o navegar por relaciones difíciles, encontrar consuelo en la literatura puede brindar confort y validación. Por ejemplo, el niño que está pasando por el duelo por la pérdida de sus padres puede encontrar consuelo en libros que presenten personajes que también han experimentado pérdidas pero encontraron fuerza y resiliencia.

Para seleccionar material de lectura eficazmente, los bibliotecarios y bibliotecólogos deben empatizar con las experiencias de sus clientes. Al comprender sus desafíos y emociones únicas, pueden recomendar libros que ofrezcan perspicacia, esperanza u orientación a través de narrativas relacionables.

Comprender los estilos individuales de comunicación:

Más allá de la relevancia del contenido, existe otro aspecto crucial a considerar al seleccionar material de lectura para la biblioterapia: el estilo de comunicación individual.

Cada persona se expresa de manera diferente; algunos aprenden mejor visualmente, mientras que otros responden mejor a estímulos auditivos o cinestésicos. Comprender estas diferencias permite a los profesionales adaptar las selecciones de libros en consecuencia.

Por ejemplo, si un cliente tiende a olvidar detalles importantes o experimenta lagunas de memoria debido a eventos traumáticos, centrarse en la exploración imaginativa para recuperar recuerdos perdidos puede ser beneficioso.

Al elegir libros que evocan detalles sensoriales y estimulan la imaginación de los lectores, los psicólogos aprovechan el poder de la literatura para ayudar a los clientes a reconstruir recuerdos fragmentados.

Construyendo puentes a través del lenguaje:

El lenguaje desempeña un papel vital en la biblioterapia al superar las barreras entre terapeutas y clientes que hablan diferentes idiomas o provienen de diversos contextos culturales. La literatura traducida permite que las personas se conecten con historias que resuenan profundamente, incluso si no están escritas originalmente en su lengua materna.

Los bibliotecarios y bibliotecólogos deben esforzarse por ofrecer una selección diversa de libros traducidos, asegurando que personas de diversos orígenes culturales puedan encontrar historias que reflejen sus experiencias. Al abrazar la literatura multicultural, la biblioterapia se convierte en una práctica inclusiva que reconoce la riqueza de la diversidad humana.

El potencial terapéutico de la poesía:

Además de las narrativas en prosa, la poesía ocupa un lugar único en la biblioterapia. La naturaleza concisa y evocadora de la poesía le permite capturar la esencia de emociones y experiencias complejas en una forma condensada. Los poemas pueden ser herramientas poderosas para la autorreflexión y la introspección.

Al seleccionar poemas para las sesiones de biblioterapia, los profesionales deben considerar el ritmo, tono y temas que se alineen con las emociones o situaciones de los clientes. Al leer y discutir poemas juntos, los psicólogos invitan a los clientes a un mundo donde el lenguaje trasciende límites ordinarios, ofreciendo perspicacias profundas y liberación emocional.

La selección de material de lectura relevante es fundamental para una biblioterapia eficaz. Al comprender las situaciones de vida, estilos de comunicación, antecedentes culturales y preferencias lingüísticas de los clientes, los bibliotecarios y bibliotecólogos pueden crear selecciones personalizadas que involucren a las personas a un nivel profundo. A través de experiencias compartidas y recomendaciones reflexivas basadas en necesidades individuales, la biblioterapia se convierte en una herramienta poderosa para sanar y crecer personalmente.

A medida que continuamos explorando diferentes facetas de la biblioterapia en capítulos posteriores - incluyendo su aplicación a través actividades artísticas-terapéuticas y enfoques interdisciplinarios - presenciaremos cómo esta práctica transforma vidas al aprovechar el poder de la literatura.

CAPÍTULO 4 - COMPLEMENTANDO LA COMUNICACIÓN CON PALABRAS ESCRITAS

Como hemos explorado en capítulos anteriores, la biblioterapia es un recurso terapéutico poderoso que utiliza libros y palabras escritas para promover la curación. En este capítulo, profundizaremos en otro enfoque para seleccionar material para la biblioterapia basado en el estilo de comunicación de cada individuo. Al complementar o suplementar los aspectos sintáctico-morfológicos expresados por los clientes, podemos mejorar la efectividad del proceso terapéutico.

La comunicación es un proceso complejo y multifacético. No solo implica el contenido de lo que se dice, sino también cómo se dice. La elección de las palabras, la estructura de las oraciones y los patrones lingüísticos pueden revelar información valiosa sobre los procesos de pensamiento y las experiencias emocionales de una persona. Al considerar cuidadosamente estos aspectos lingüísticos, podemos seleccionar material de lectura que resuene en un nivel más profundo con cada individuo.

Por ejemplo, consideremos a aquel cliente que frecuentemente expresa olvidos durante las sesiones de terapia. En lugar de enfocarnos únicamente en libros relacionados con el contenido del olvido, podemos elegir textos que enfaticen la exploración imaginativa para recuperar recuerdos perdidos. Estos libros podrían involucrar personajes que emprenden viajes a través de sus propias mentes o participan en ejercicios creativos destinados a estimular el recuerdo de memoria. Al alinear los aspectos sintáctico-morfológicos expresados por el cliente con el material seleccionado para leer, creamos una experiencia terapéutica más cohesiva.

Este enfoque no solo se aplica al olvido, sino que también se extiende a diversos estilos de comunicación, como la verbosidad o la brevedad. Para los clientes que tienden a ser verbosos y tienen dificultades para organizar sus pensamientos de manera coherente, seleccionar libros que presenten ideas de manera clara y estructurada puede proporcionarles modelos para una comunicación efectiva. Por otro lado, los clientes que son naturalmente concisos pueden beneficiarse de la lectura de textos que los animen a expandir sus ideas y expresarse más plenamente.

Además, la selección de textos basada en estilos de comunicación complementarios nos permite abordar desafíos específicos enfrentados por cada individuo dentro de su contexto social. Por ejemplo, si un cliente tiene dificultades para expresar emociones verbalmente pero sobresale en escribir poesía, podemos incorporar colecciones de poesía en su experiencia biblioterapéutica. Esto no solo les brinda una salida para expresarse emocionalmente, sino que también les empodera para comunicar sus sentimientos en un medio donde se sienten más cómodos.

Al considerar el estilo de comunicación único de cada individuo, podemos adaptar la experiencia biblioterapéutica a sus necesidades y preferencias personales. Este enfoque personalizado mejora el compromiso del cliente y aumenta las posibilidades de éxito terapéutico. Fomenta un sentido de comprensión y validación, ya que las personas se ven reflejadas en los libros que leen.

Además, este enfoque complementario hacia la biblioterapia abre oportunidades para que las personas exploren nuevas formas de comunicación. Al exponer a los clientes a textos que difieren de sus patrones lingüísticos habituales, los animamos a ampliar su repertorio y desarrollar una mayor flexibilidad al expresarse. Esta expansión puede tener efectos de largo alcance más allá de las sesiones de terapia, ya que habilidades mejoradas de comunicación a menudo conducen a relaciones interpersonales más sólidas y un bienestar general.

En el próximo capítulo, exploraremos varias modalidades mediante las cuales se puede aplicar la biblioterapia como recurso terapéutico.

CAPÍTULO 5 - MODALIDADES DE APLICACIÓN DE LA BIBLIOTERAPIA

La biblioterapia es un recurso terapéutico versátil que puede aplicarse de diversas formas para satisfacer las necesidades y preferencias únicas de individuos o grupos. En este capítulo, exploraremos diferentes modalidades a través de las cuales se puede implementar la biblioterapia, desde la simple lectura hasta la incorporación de actividades artísticas terapéuticas. Al comprender estas modalidades, podemos aprovechar mejor el poder de los libros y las palabras escritas para sanar y crecer.

Una modalidad de biblioterapia implica únicamente la lectura como medio de intervención terapéutica. Este enfoque se basa en el poder de la literatura para transportar a los lectores a diferentes mundos, perspectivas y emociones. A través de la identificación con personajes que enfrentan desafíos similares o experimentan emociones similares, las personas pueden encontrar consuelo y validación en sus propias luchas. Por ejemplo, un libro que presenta a un protagonista que supera obstáculos en su carrera puede inspirar a alguien que enfrenta desafíos profesionales.

Sin embargo, la biblioterapia puede ir más allá de la lectura sola al integrar actividades artísticas terapéuticas en el proceso. El dibujo, por ejemplo, se puede utilizar como una actividad complementaria junto con la lectura para mejorar la expresión personal y la introspección. Al crear representaciones visuales de personajes o escenas de un libro, las personas interactúan con el material a un nivel más profundo y obtienen nuevas ideas sobre sí mismas. Esta integración del arte permite modos alternativos de comunicación que pueden resonar más fuertemente con ciertas personas.

Las dramatizaciones son otra modalidad poderosa en la que se puede aplicar la biblioterapia. A través de juegos de roles o actuaciones de escenas de libros, las personas tienen la oportunidad de explorar diferentes perspectivas y emociones en un entorno seguro. Este enfoque interactivo fomenta la empatía e identificación emocional al tiempo que brinda una vía para la autorreflexión y el crecimiento personal. Al encarnar las experiencias de los personajes a través de las dramatizaciones, los participantes obtienen nuevas ideas sobre sus propias vidas.

Los libros utilizados en las sesiones de biblioterapia tienen el potencial de sacar a relucir temas evitados para su discusión, así como estimular debates sobre la identificación emocional a través del contenido extremo. Estas discusiones no solo facilitan el autoconocimiento, sino que también promueven la empatía y comprensión entre los participantes. Al explorar temas desafiantes dentro del contexto de la literatura, las personas pueden enfrentar sus propias emociones y creencias de manera segura, lo que conduce al crecimiento personal y un aumento en la resiliencia emocional.

En el consultorio terapéutico o en el entorno de una biblioteca, es crucial considerar las preferencias y necesidades de cada individuo o grupo al seleccionar la modalidad adecuada de biblioterapia. Algunas personas pueden preferir un enfoque más introspectivo con lectura como su principal foco, mientras que otras pueden encontrar mayores beneficios al participar en actividades artísticas terapéuticas junto con la lectura. Adaptar las modalidades para satisfacer las necesidades únicas de cada persona mejora la eficacia de la biblioterapia como recurso terapéutico.

Volviendo a nuestro título del libro, "Biblioterapia para bibliotecarios y bibliotecólogos", este capítulo resalta cómo diferentes modalidades de biblioterapia pueden ser utilizadas tanto por psicólogos como por bibliotecarios y bibliotecólogos. Los psicólogos pueden incorporar estos enfoques diversos en sus sesiones terapéuticas para mejorar las técnicas terapéuticas tradicionales.

Por otro lado, los bibliotecarios y bibliotecólogos pueden emplear estas modalidades en programas o talleres de la biblioteca para promover el bienestar y el crecimiento personal entre los usuarios.

Existen diversas modalidades a través de las cuales se puede aplicar la biblioterapia como recurso terapéutico. Ya sea a través de la simple lectura o mediante la incorporación de actividades artísticas terapéuticas como el dibujo o las dramatizaciones, los libros tienen un inmenso potencial para sanar y descubrirse a uno mismo.

Al comprender estas diferentes modalidades, los profesionales pueden adaptar sus intervenciones para satisfacer las necesidades

únicas de individuos o grupos que buscan

consuelo, crecimiento y transformación a

través de la literatura.

CAPÍTULO 6 - ENFOQUES INTERDISCIPLINARIOS DE LA BIBLIOTERAPIA

En los capítulos anteriores, hemos explorado los orígenes, la evolución y los aspectos prácticos de la biblioterapia como recurso terapéutico. Ahora, en el capítulo seis, nos adentramos en la naturaleza interdisciplinaria de la biblioterapia y cómo diferentes campos contribuyen a su práctica.

La biblioterapia no se limita a una disciplina específica; en cambio, se basa en diversas áreas de experiencia para crear un enfoque integral. La psicología juega un papel crucial para comprender los efectos psicológicos de la lectura y ayudar a las personas a procesar emociones a través de la literatura. La psicología social brinda información sobre cómo las dinámicas grupales pueden mejorar los beneficios terapéuticos de la biblioterapia.

Por último, la ciencia de la biblioteca aporta su experiencia en seleccionar materiales de lectura relevantes para diferentes poblaciones.

La psicología ofrece conocimientos valiosos sobre los mecanismos detrás de la efectividad de la biblioterapia. La lectura involucra nuestras mentes en mundos imaginativos y nos permite explorar los pensamientos y emociones de los personajes. Este proceso puede fomentar empatía, autorreflexión y crecimiento personal. A través de la literatura, las personas pueden obtener nuevas perspectivas sobre sus propias experiencias o encontrar consuelo al saber que otros han pasado por luchas similares.

La psicología social arroja luz sobre cómo las dinámicas grupales pueden amplificar los beneficios de la biblioterapia. Leer juntos crea experiencias compartidas que fomentan la conexión entre los participantes. Discutir libros en un entorno grupal permite a las personas expresar sus pensamientos y sentimientos mientras reciben apoyo de otros que pueden haber experimentado desafíos o triunfos similares.

La ciencia de la biblioteca desempeña un papel fundamental en facilitar prácticas efectivas de biblioterapia al seleccionar materiales de lectura adecuados para poblaciones específicas. Los bibliotecarios tienen habilidades para identificar libros que se ajustan a las necesidades o intereses individuales según la edad, el origen o situaciones de vida específicas. Su conocimiento ayuda a garantizar que cada persona reciba recomendaciones personalizadas adaptadas a sus circunstancias únicas.

La colaboración entre estas disciplinas es esencial para crear intervenciones biblioterapéuticas impactantes. Al integrar principios psicológicos con dinámicas sociales y experiencia en bibliotecas, los profesionales pueden desarrollar programas integrales que abordan múltiples aspectos del bienestar individual.

Por ejemplo, consideremos el caso de aquel niño que ha experimentado recientemente la pérdida de sus padres. Un psicólogo capacitado en biblioterapia podría seleccionar libros que representen personajes pasando por experiencias similares. Estas historias pueden brindar al niño una sensación de comprensión y apoyo, ayudándolo a sobrellevar su dolor.

En un entorno grupal facilitado por un psicólogo social, los niños con experiencias similares pueden reunirse para discutir estos libros. Compartir pensamientos y emociones dentro de una comunidad solidaria les permite procesar su dolor colectivamente, al tiempo que fomenta la resiliencia y el crecimiento emocional.

El papel del bibliotecario en este enfoque interdisciplinario es crucial al seleccionar materiales de lectura adecuados para estos niños. Consideran factores como contenido apropiado para la edad, personajes con los que puedan identificarse y narrativas cautivadoras que capten la atención de los niños mientras brindan consuelo y orientación.

Al trabajar juntos, psicólogos, psicólogos sociales y bibliotecarios crean un entorno donde la biblioterapia se convierte en una poderosa herramienta de sanación. Cada disciplina aporta perspectivas y conocimientos únicos que enriquecen la práctica de la biblioterapia.

El esfuerzo colaborativo entre profesionales de diversos campos asegura que la biblioterapia siga siendo efectiva en diferentes contextos. Ya sea aplicada en escuelas, hospitales o centros comunitarios, este enfoque interdisciplinario garantiza la selección de materiales de lectura relevantes que resuenen con las necesidades individuales.

La psicología proporciona conocimientos sobre los efectos psicológicos de la literatura en el bienestar individual; la psicología social mejora los beneficios terapéuticos a través de las dinámicas grupales; y la ciencia de las bibliotecas selecciona materiales de lectura adecuados adaptados a poblaciones específicas. Al integrar estas disciplinas eficientemente, los profesionales pueden crear intervenciones impactantes que promueven la sanación y el crecimiento personal a través de la literatura.

A medida que continuamos nuestro viaje explorando la biblioterapia para bibliotecarios y bibliotecólogos, ahora descubriremos el significado más profundo de la biblioterapia como un camino hacia el autodescubrimiento en el capítulo siete: "La Biblioterapia como un Camino hacia el Autodescubrimiento". En este último capítulo, profundizaremos en cómo interactuar con la literatura puede ayudar a las personas a encontrar sentido en sus vidas y mejorar los aspectos psicológicos. Además, abordaremos la importancia de construir relaciones de apoyo en la implementación efectiva de la biblioterapia. Estén atentos para explorar el poder transformador de los libros y su potencial para despertar el crecimiento personal y la sanación.

Capítulo 7: Biblioterapia como camino hacia el autodescubrimiento

En este último capítulo, profundizamos en el significado más profundo de la biblioterapia como un proceso de interacción con libros y otros textos. Exploramos cómo involucrarse con la literatura puede ayudar a las personas a encontrar sentido en sus vidas o servir como mecanismos para mejorar aspectos psicológicos. Además, abordamos la importancia de construir relaciones de apoyo en la implementación efectiva de la biblioterapia.

El viaje del autodescubrimiento a menudo es complejo y personal. Muchas personas buscan respuestas a preguntas sobre su identidad, propósito y valores. **Es dentro de las páginas**

de los libros donde pueden encontrar consuelo, orientación e inspiración.

La literatura tiene el poder de transportar a los lectores a diferentes mundos, exponiéndolos a perspectivas y experiencias diversas. A través de los viajes de los personajes o mediante narrativas introspectivas, los lectores pueden verse reflejados u obtener ideas sobre sus propias luchas.

Por ejemplo, imagina a una persona lidiando con sentimientos de soledad debido a sus circunstancias únicas en la vida. Al leer un libro que explora temas o situaciones similares, podrían darse cuenta de que no están solos en sus experiencias. Esta validación puede ser transformadora; brinda consuelo y seguridad al saber que otros han navegado desafíos similares con éxito.

Además, la literatura ofrece diversos beneficios psicológicos. La lectura puede fomentar la empatía al permitir que los lectores se pongan en los zapatos de personajes de diferentes orígenes o experiencias. Esta identificación emocional mejora la comprensión al tiempo que promueve la tolerancia y la compasión hacia los demás.

Además, **los libros brindan una vía para que las personas exploren emociones complejas de manera segura.** Sirven como espejos que reflejan los pensamientos más íntimos y deseos sin juicio ni consecuencias. Esta introspección facilitada por la lectura permite a las personas obtener una comprensión de sus propias emociones y motivaciones.

La biblioterapia también abarca el uso de ejercicios de escritura junto con materiales de lectura con fines de autorreflexión que seguramente abordaremos en otra oportunidad. Las preguntas en un diario alientan a las personas a articular reflexiones sobre lo que han leído y cómo se relaciona con sus propias vidas. La escritura ofrece un medio para la expresión personal al tiempo que profundiza el entendimiento propio.

En la implementación de la biblioterapia, es crucial crear un entorno de apoyo. Construir relaciones basadas en confianza entre terapeutas, psicólogos, bibliotecarios y clientes fomenta una sensación de seguridad y apertura. Esto permite a las personas explorar temas o emociones desafiantes sin temor a ser juzgados o rechazados.

La colaboración entre profesionales de diferentes disciplinas es clave para maximizar el potencial de la biblioterapia. Los psicólogos pueden brindar información sobre los procesos psicológicos en juego durante las experiencias de lectura, mientras que los bibliotecarios ofrecen experiencia en seleccionar materiales apropiados para objetivos terapéuticos específicos.

Además, la colaboración interdisciplinaria puede contribuir a expandir la investigación sobre biblioterapia. Los campos de la psicología y las ciencias de la biblioteca pueden trabajar juntos para investigar la efectividad de diferentes enfoques, como combinar la lectura con actividades artístico-terapéuticas como el dibujo o las dramatizaciones.

Al concluir nuestra exploración de la biblioterapia como camino hacia el autodescubrimiento, se hace evidente que la literatura tiene un inmenso poder para guiar a las personas hacia el crecimiento personal y la sanación. A través de su participación con libros y otros textos, las personas pueden encontrar consuelo en experiencias compartidas, obtener ideas sobre sus propias emociones y motivaciones, y desarrollar empatía hacia los demás.

> *El potencial transformador no solo reside en las páginas de los libros, sino también en las relaciones construidas alrededor de ellos. Al fomentar la colaboración entre profesionales de diversas disciplinas y crear entornos de apoyo para que los clientes exploren su mundo interior, desbloqueamos todo el potencial de la biblioterapia como un recurso para el autodescubrimiento.*

Abracemos las propiedades terapéuticas de la literatura mientras emprendemos nuestro propio viaje de autodescubrimiento.

Que este libro sea una fuente de inspiración y orientación, guiándonos hacia una comprensión más profunda de nosotros mismos y de los demás.

LIBROS RECOMENDADOS

Problema Psicológico	Libros Recomendados	Edades
Estrés	• **"El poder del ahora"** de Eckhart Tolle • **"Mindfulness para niños"** de Mark Bertin • **"Mindfulness para principiantes"** de Jon Kabat-Zinn	**Adultos, Adolescentes, Niños**
Ansiedad leve o moderada	• **"El miedo a la libertad"** de Erich Fromm • **"El camino del artista"** de Julia Cameron • **"Bajo la misma estrella"** de John Green	**Adultos, Adolescentes, Jóvenes**
Depresión leve o moderada	• **"La insoportable levedad del ser"** de Milan Kundera • **"Furiously Happy: A Funny Book About Horrible Things"** de Jenny Lawson • **"Rayuela"** de Julio Cortázar	**Adultos, Jóvenes, Adultos Jóvenes**

Problema Psicológico	Libros Recomendados	Edades
Problemas de relaciones	• **"Los hombres son de Marte, las mujeres son de Venus"** de John Gray • **"Mujeres que corren con los lobos"** de Clarissa Pinkola Estés • **"Contra el viento del norte"** de Daniel Glattauer	**Adultos**
Baja autoestima	• **"Amar o depender"** de Walter Riso • **"El monje que vendió su Ferrari"** de Robin Sharma • **"La sociedad literaria y el pastel de piel de patata de Guernsey"** de Mary Ann Shaffer y Annie Barrows	**Adultos, Jóvenes**
Duelo	• **"Las cinco personas que encontrarás en el cielo"** de Mitch Albom • **"El principito"** de Antoine de Saint-Exupéry • **"La ladrona de libros"** de Markus Zusak	**Adultos, Adolescentes, Niños**

Problema Psicológico	Libros Recomendados	Edades
Trastornos de alimentación	• **"Comer, rezar, amar"** de Elizabeth Gilbert • **"Cuerpos sin edad, mentes sin tiempo"** de Deepak Chopra • **"La dieta del alma"** de Mariela Michelena	**Adultos, Adolescentes, Jóvenes**
Problemas de sueño	• **"El pequeño libro para dormir bien"** de Nerina Ramlakhan • **"El arte de dormir"** de Thich Nhat Hanh • **"La casa de los espíritus"** de Isabel Allende	**Adultos, Adolescentes, Niños**
Problemas de adaptación	• **"El extranjero"** de Albert Camus • **"La sociedad de la nieve"** de Pablo Vierci • **"Tierra de nadie"** de Paola Senseve	**Adultos, Adolescentes**

Problema Psicológico	Libros Recomendados	Edades
Problemas de control de impulsos	• **"Impulse"** de Ellen Hopkins • **"Contra el viento del norte"** de Daniel Glattauer • **"El club de la lucha"** de Chuck Palahniuk	**Adultos, Jóvenes**
Estrés postraumático leve	• **"La luz que no puedes ver"** de Anthony Doerr • **"La danza de la realidad"** de Alejandro Jodorowsky • **"Los recuerdos del porvenir"** de Elena Garro	**Adultos, Jóvenes, Adultos Jóvenes**
Problemas de atención y concentración	• **"Fluir (Flow): Una psicología de la felicidad"** de Mihaly Csikszentmihalyi • **"Mindfulness para niños"** de Mark Bertin • **"El arte de no amargarse la vida"** de Rafael Santandreu	**Adultos, Adolescentes, Niños**

Problema Psicológico	Libros Recomendados	Edades
Problemas de ira	• **"Maneras de ser amigables con la ira"** de Thich Nhat Hanh • **"El día que el cielo se caiga"** de Megan Maxwell • **"Cómo controlar la ira"** de Albert Ellis	**Adultos, Jóvenes**
Problemas de autocontrol	• **"El cerebro del niño"** de Daniel J. Siegel y Tina Payne Bryson • **"Las cosas que perdimos en el fuego"** de Mariana Enríquez • **"Cien años de soledad"** de Gabriel García Márquez	**Adultos, Adolescentes**

Problema Psicológico	Libros Recomendados	Edades
Problemas de gestión del tiempo	• " (Organízate con Eficacia) **Getting Things Done: The Art of Stress-Free Productivity"** de David Allen • **"Los siete hábitos de la gente altamente efectiva"** de Stephen Covey • **"La semana laboral de 4 horas"** de Timothy Ferriss	**Adultos, Jóvenes**

Aunque estoy seguro que tú conoces otros muchos libros mejores.

Disponibles en Amazon Kindle

Sumérgete en un Viaje Profundo hacia la Resiliencia Mental.

"Comprender y Superar la Depresión: Cómo Cultivar la Fortaleza Interna y Recuperar el Control de tu Vida"

Descubre la fascinante odisea de la depresión a través de las páginas magistrales de este libro, que va más allá de ser una mera guía, convirtiéndose en un compañero esencial en tu búsqueda de comprensión y superación. Desde las raíces históricas de la psicología clínica hasta las más modernas perspectivas de tratamiento, cada capítulo se despliega como un tapiz que revela las complejidades de la depresión.

Desmitifica mitos arraigados, explora la evolución de la conceptualización de la depresión y sumérgete en una evaluación clínica rigurosa. Atrévete a desentrañar la etiología desde la psicodinámica hasta la psiconeuroinmunología, adentrándote en los intrincados aspectos cognitivos, emocionales y conductuales de la depresión. Desde la infancia hasta la vejez, este libro examina cómo la depresión teje su tela en diferentes etapas de la vida, conectándose con trastornos coexistentes y abriendo ventanas a perspectivas de tratamiento innovadoras. Con una mirada hacia el futuro, este compendio culmina en un resumen de conceptos centrales, reflexiones sobre el horizonte del tratamiento de la depresión y, finalmente, mensajes conmovedores de esperanza y recuperación. Equipado con herramientas prácticas, casos reales y perspectivas innovadoras, este libro no solo ilumina el camino hacia la superación, sino que te dota de la fortaleza interna necesaria para enfrentar el desafío de la depresión y recuperar el control de tu vida. No te pierdas esta oportunidad única de transformación personal. Tu viaje hacia la luz comienza con la apertura de estas páginas reveladoras.

ARMONIZA

Atención psicológica integrativa.
Online y presencial.
Precios adecuados y terapias
personalizadas.

Contactos al +591 63123400
Armonizacontacto@gmail.com